www.ingramcontent.com/pod-product-compliance
Lightning Source LLC
Chambersburg PA
CBHW060015050426
42448CB00012B/2768

* 9 7 8 0 9 9 8 5 1 5 7 5 5 *

کچھ خواب اُٹھائے پھرتا ہوں

فیاض الدین صائب

First Edition: January 2012
Second Edition   May 2016
Third Edition   May 2018
Book Name: Kuch Khawab Uthaye Phirta Houn
Category: Urdu Poetry
Poet: Fayyaz Uddin Saieb
Title: Raja Ishaq
Poet's Email: fayyaz.usa@gmail.com
Web: www.poetryurdu.com

Language: Urdu
Publisher: Andaaz Publications
                        4616 E Jaeger Rd
                        Phoenix, AZ 85050 USA
Email: admin@andaazpublications.com
Ordering Information: Available from amazon.com and
                        other retail outlets

ISBN: 978-0-9985157-5-5

انتساب

مزدور بچوں کے نام

مت دیکھ میں کہاں ہوں زمیں آسماں کے بیچ
یہ دیکھ اُڑ رہا ہوں شکستہ پروں کے ساتھ

میں قتل ہو کے بھی زندہ ہوں تم کو حیرت ہے
تمہیں خبر ہی نہیں سچ مرا نہیں کرتا

ترتیب

خواہشوں میں بہت کمی کرلی

ہم نے آسان زندگی کرلی

یہ لوگ بھی کیا لوگ ہیں

اب غزل کہنے کا جی نہیں کرتا اور نظم بھی تھک ہار کے دل کے کسی نہاں خانے میں جا چھپی ہے۔ ہاں اب طبیعت نوحے اور مرثیے کی طرف مائل نظر آتی ہے۔ اور کروں بھی کیا کہ بے حس حکمرانوں نے انسانی اقدار کی دھجیاں بکھیر دی ہیں۔ دولت اور طاقت کے حصول نے انھیں واقعی اندھا کر دیا ہے۔ غریب کے پاس اتنے پیسے بھی نہیں کہ وہ خودکشی کے لیے زہر ہی خرید سکے۔ جس ملک میں لوگ بچّے بیچنا اور خودکشی کرنا شروع کر دیں اُس ملک کے حکمرانوں کی جگہ پر تعیّش محلات نہیں بلکہ پھانسی گھاٹ ہونا چاہیے۔

مگر افسوس ان لوگوں پر جو ظلم سہنے کی لذت کے اسیر ہو چکے ہیں، جنھیں خودسوزی اور بچّے بیچنا گوارا ہے مگر اتنی ہمت نہیں کہ اپنے حق کے لیے آواز بلند کر سکیں۔ ظلم اُس وقت تک رہتا ہے جب تک اسے سہنے والے موجود ہوں۔ نہ جانے کس مٹی کہ بنے ہیں یہ لوگ کہ نظریں جھکائے کولھو کی بیل کی مانند ایک دائرے میں چلے جا رہے ہیں اس آس پر کہ شاید منزل آ جائے۔ منزل پانے کے لیے دائرے سے نکلنا ہوگا، زنجیر توڑنی ہوگی ورنہ جسم کے ماس کے بعد ہڈیاں بھی باقی نہ رہیں گی۔

جکڑا ہوا ہے قرض میں اس قوم کا بدن
اور حکمراں کو اطلس و کمخواب چاہیے

فیاض الدین صائبؔ

فیاض ایک حسّاس اور بے باک شاعر

میرے نزدیک ایک اچھا شاعر اگر اچھا انسان بھی ہو، یعنی اس کے عمل اور فکر میں یک جہتی ہو تو وہ مرکب دو آتشہ ہو جاتا ہے۔ فیاض کی شاعری اور شخصیتِ باکردار اس دو آتشے کی زندہ مثال ہے۔ تسکینِ انا کی ضرورت سے آزاد، اصول اور سچی بات پر مر مٹنے والا یہ شخص بات کا اتنا کھرا کہ لاگ لپیٹ والی باتیں اسے چھو کر بھی نہیں گزریں۔ وہ درد مند دل تو رکھتا ہے لیکن مصلحت اندیشی اُس کا وطیرہ نہیں۔ کسی کی دل شکنی، یا ناراضگی کبھی بھی اُس کا مقصد نہیں ہوتی لیکن چونکہ سچ بات کہنے کا عادی ہے اس لئے جو بات بھی کہتا ہے بے دھڑک ہو کر کہتا ہے۔

میرا دکھ سکھ بانٹنے تو آجاتے ہیں
ہمائے اچھے ہیں رشتے داروں سے
بہت چھوٹے نظر آتے ہیں اکثر لوگ وہ مجھ کو
کہ جن کے نام سے پہلے بڑے القاب ہوتے ہیں

فیاض کے اسلوب میں نہ تو لفظوں کی جادوگری ہے نہ ہی اُس کی شاعری کے کردار طلسماتی ہیں۔ وہ ایک دردمند دل کا مالک انسان ہے جو عام انسانوں کے دکھ درد کو سمجھتا

ہے۔ جذبے کی سچائی اور انسان دوستی کے باوصف اُس کے تلخ اور طنزیہ لہجے میں بھی ایک مٹھاس کی کیفیت بیدار ہوجاتی ہے جو قاری کے جسم و جاں میں سرائیت کرتی جاتی ہے۔ وہ انسان کے کرب کو سمجھتا ہے اور اُس سے ٹوٹ کر محبت کرنا جانتا ہے۔ فیاض زندگی کا متوالا ہے اس لیے درد کے رشتوں کو عزیز رکھتا ہے۔

بارش سے مکانات کے بہنے کا نہیں غم
غم یہ ہے کہ اس بار گیا گاؤں کا رستہ
نسبت ہے مری خاک کو اُس شہرِ فغاں سے
اُٹھتے ہیں جواں جسم ہر اک روز جہاں سے

فیاض کی شاعری اُس کے اپنے اندر کے جذبوں کی ترجمانی کرتی ہے۔ اُس کی شاعری اُس کے دل کی کیفیات اور وارداتوں کے رنگوں سے تشکیل پاتی ہے۔ اُس کی شاعری ایک آرٹ گیلری ہے جس میں وہ انسانوں کے دکھ درد، تکالیف اور مسائل کی لفظی تصاویر سجائے چلا جاتا ہے۔ چائلڈ لیبر، وطنِ مالوف کا ایک ایسا ناسور ہے جسے دیکھ کر تکلیف تو ہر دل والے کو محسوس ہوتی ہے لیکن کوئی چارہ گر نہیں ملتا۔ کچّے خواب اور قالین دونوں نظمیں اُس کی سوزشِ دردِ دل ہیں جو اُسے راتوں میں جگائے رکھتی ہیں۔

وطن سے بچھڑ کر پردیس آنے والے ہم سب لوگوں کا المیہ یہ ہے کہ وقت کے ساتھ ساتھ ہمارے جسم و جاں میں وطنِ عزیز کی مٹی کی مہک گھٹنے کی بجائے بڑھتی چلی جاتی ہے۔ ہمارا جسم تو نئے دیس (یا پردیس) میں ہوتا ہے لیکن روح دیس ہی میں رہتی ہے۔ وطن سے ہزاروں میل دور، فیاض بھی کچھ کر تو سکتا نہیں لیکن گراں باریٔ ایام کی تاب لانے پر بھی قادر نہیں پاتا خود کو، بس بوجھل دل لیے تڑپتا رہتا ہے۔

وہ جانتا ہے کہ

حاکمیت کے وہی اہل ہوا کرتے ہیں
حاکمِ شہر جنہیں شہر بدر رکھتے ہیں

کچھ نہ کر پانے کی مجبوری کا یہ احساس کہیں کہیں اُس کے لہجے میں ایک جھنجلاہٹ سی

پیدا کردیتا ہے۔

میں لوگوں سے اُلجھنے لگ گیا ہوں
نہ جانے کیا ہوئے آداب میرے
ذرا سا بد زباں اور سر پھرا ہوں
یہی دو ایک ہیں القاب میرے

مصلحتِ رزق کی اسیرانہ محتاجی اور انسان کی بے بسی، بے کسی اور تذلیل پر سرکش جذبات اُس کے سینے میں بیدار ہوتے ہیں اور فیاض اربابِ اختیار سے پنجہ آزمائی کے لیے اُٹھ کھڑا ہوتا ہے۔ اس نہج پر اُس کا رویہ باغیانہ ہو جاتا ہے۔

پڑی ہے ہاتھ میں زنجیرِ مصلحت ورنہ
ترے غرور کا اک حل مری کمان میں ہے
نظر ہے ہڈیوں پر، حاکموں کی کیا کہیں صائب
کہاں باقی رہا اب نوچنے کو ماس لوگوں میں
حاکمِ شہر کا فرمان سر آنکھوں پہ مگر
ہم نے سیکھا نہیں دربار میں حاضر ہونا

لوگوں کی بے حسی پر وہ ایک بار پھر سراپا احتجاج بن جاتا ہے۔

سر جُھکایا تھا جنہوں نے وہ ہوئے شہر بدر
رہ گئے شہر میں اب سر کو جھکانے والے
سر جھکانے کا مرض پھیل گیا ہر جانب
ورنہ اس شہر میں کچھ لوگ قدآور ہوتے

فیاض جہاں اپنے مادرِ وطن کے معاملات پر سوختہ جاں رہتا ہے وہاں وہ اپنے نئے وطن کے معاملات سے بھی بے خبر نہیں ہے۔ اُس کے ہاں قومی شعور بھی ہے اور عصری آگاہی بھی۔ فیاض کی شاعری معاصر حالات و واقعات کی نمائندگی کرتی ہے جو اُس کی عصری حسیّت کا ایک بھرپور ثبوت ہے۔

جن معاشرتی بیماریوں کی وجہ سے وہ ہجرتِ عظیم کر کے امریکہ آیا تھا وہ اب یہاں بھی جڑ پکڑ رہی ہیں۔ وہ امریکہ کے نظام کا دیوالیہ نکلتا دیکھتا ہے۔ تیزی سے بدلتی ہوئی قدریں مکروفریب اور ریاکاری کا فروغ، خوشامد، مفاد پرستی اور مصلحت اندیشیوں کا پھیلتا ہوا رواج فیاض کی طبیعت میں بے چینی کا باعث بنتا ہے۔ وفورِ درد سے وہ کشیدہ خاطر رہنے لگتا ہے۔

بہت کم کم نظر آیا مجھے احساس لوگوں میں
یہ دولت بٹ گئی شاید بہت ہی خاص لوگوں میں
جب نئے طور سے ملتے ہیں زمانے والے
جاگ اُٹھتے ہیں سبھی درد پرانے والے

منافقت، استبداد، ریاکاری سبھی کچھ تو موجود ہے اب امریکی معاشرے میں لیکن فیاض بختِ نارسا کا شکوہ کرتا نظر نہیں آتا۔ نہ ہی وہ زحمتِ گریہ زاری میں پڑنا چاہتا ہے۔ اعترافِ شکست تو دور کی بات ہے اُس کے ہاں تو خوفِ ناکامیِ امید بھی نہیں۔ وہ تو دل کے کشکول میں، آرزؤں اور امیدوں کی شمعیں روشن کیے کسی عیسیٰ نفس کا منتظر ہے تا کہ لوگ ایک بار پھر خمارِ خواب کی لذت سے بیدار ہو جائیں اور گرانباریِ ایاّم کی لذت کا طلسم ٹوٹے۔

درد جب حد سے بڑھا ہے تو مجھے یاد آیا
زخم بھرنے پہ خدایا ترا قادر ہونا
آنکھیں جلا رکھی ہیں سحر کی نوید پر
لیکن سیاہ بخت کی کٹتی نہیں ہے شب
سفر سے تھکنے والا تو نہیں لیکن بتا مجھ کو
کہاں تک راہ یہ میرے خدا لے جائے گی مجھ کو

تاشی ظہیر

خنک نظر ہے مگر دل الاؤ رکھتا ہے

کچھ شخصیتیں ایسی ہوتی ہیں جیسے کوہسار، اپنی خاموشیوں میں مگن، اپنی سربلندیوں میں تہہ دار انکساریاں نہ کوئی دکھاوا نہ آواز دے دے کے اپنی طرف متوجہ کرتا شور مچاتا بڑبولا پن، اوپر سے شانت اندر آتش فشاں۔ صائب سے ملاقات ہوئی تو مجھے اس کی کوہساری شخصیت کا کچھ کچھ اندازہ ہوا لیکن جب اس کو پڑھا تو اپنے اندازے کو پورا کا پورا سچ پایا۔ اکثر ایسا ہوتا ہے کہ پوری کتاب پڑھ کے کتاب کا منہ تکتے رہ جاتے ہیں ہم، پتہ ہی نہیں چلتا کہ کیا پڑھا اگر اس کتاب پر سے مصنف کا نام ہٹا کے کسی بریلوی کسی لکھنوی کسی دہلوی وغیرہ وغیرہ کا نام لکھ دیا جائے تو بھی کوئی فرق نہیں پڑے گا۔ یعنی کتاب کی اپنی کوئی شخصیت ہی نہیں ہوتی۔ مگر صائب کی کتاب کھولی تو اس کے پہلے ورق پر لکھے ایک شعر نے ہی بڑے اعتماد سے مخاطب کیا۔

مت دیکھ میں کہاں ہوں زمیں آسماں کے بیچ
یہ دیکھ اڑ رہا ہوں شکستہ پروں کے ساتھ

اڑنا اور بات ہے لیکن شکستہ پروں سے اڑان، کوئی اور ہی بات ہے۔ اب اس تفصیل

میں کیا جانا کہ ہم اختیاری ہجرتوں کے مارے اپنے بال و پر سمیٹنے اور پھر سے اڑان لینے میں کتنی بار پٹخے جاتے ہیں زمیں پر اور کیسے شکست دیتے ہیں بادشمال کی تندی وتیزی کو۔ صائب نے اس تجربہ میں پہلے شعر میں ہی مجھے شامل کرلیا جس کا ذائقہ میں نے چکھا ہے اور بس یہی وہ مقام ہے جہاں سے کوئی شاعر کوئی فنکار کوئی تخلیق کار ہاتھ پکڑ کے اپنے مخاطب کا اپنے پاس بیٹھا لیتا ہے، سو میری سوچ نے اس للکار کو مسکرا کے گلے لگایا اور اگلا صفحہ الٹا۔

میں قتل ہو کے بھی زندہ ہوں تم کو حیرت ہے
تمہیں خبر ہی نہیں سچ مرا نہیں کرتا

میں چودہ سو سال پرانی تاریخ کے اوراق کو بولتا دیکھنے کے ساتھ ہی موجودہ گونج بھی سن رہی ہوں اس شعر میں۔ آج مارٹن لوتھر کنگ کا دن منایا جارہا ہے۔ دلیر سیاہ فام، جی چاہا اس کی تصویر کے ساتھ یہ شعر لگادوں۔۔ اور کون کہے گا کہ یہ شعر صادق نہیں آئے گا اس کی پوری جدوجہد پر؟ زندہ شعر کہنے والا صائب۔ اس سے میری ملاقات گو دو بار کی ہے لیکن اس شعر کے بعد رشتہ نکل آیا برسہا برس پرانا۔۔۔ اس رشتہ داری میں دکھ سکھ گو ساجھے ہیں لیکن صائب کی فکر کی اپنی گہرائی اپنی وسعت اپنا انداز بیان اپنے فکروفن کی استقامت اسے جوڑے رکھنے کے باوجود بہت منفرد بناتی ہے۔ یہ انفرادیت کیا ہے؟ ایک سوچنے والے، سوال کرنے والے، توہمات کو رد کرنے والے حقائق کو قبول کرنے والے اس فنکار کا وہ ہے فن جو اسے اپنے الگ ڈھنگ سے دانش وری کے فرائض پورا کرتا دکھا دے یہی پیمانہ دراصل فن کے قدوقامت کا تعین کرتا ہے اور کسی شاعر کو بھی اس بھیڑ سے الگ کر دیتا ہے جو بے سبب بس ساتھ ہولی ہے شعرا کے۔ ہمارے اردگرد سوالوں کا اژدھام ہے۔ طاقت اور دولت کی اجارہ داری، سرحدیں ہیں، قتل گاہیں ہیں، سروں سے فٹ بال کھیلنے والے تلواریں سونتے انسان نما جانور ہیں۔ غرض عجب دور ابتلا ہے یہ سب کچھ حساس دلوں پر گہرا نقش چھوڑ رہا ہے ایسے میں کوئی بھی سچا فنکار، ادیب، شاعر عشقیہ شاعری کا انبار نہیں لگا سکتا۔ صائب جیسے حساس شاعر کا دل جہاں محبت، جو انسان کی بنیادی ضرورت ہے زندہ رہنے کا وسیلہ ہے، اس کے قدموں میں اپنی سانسیں رکھتا نظر آتا ہے وہیں سارے دکھوں ساری وحشتوں کو اپنے دور کی کلیجے سے

لگائے انھیں تحریر کرنے اور اس تحریر میں اپنا نقش اجاگر کرنے میں مصروف ہے۔ اس کی راست گفتاری کسی بھی مرحلے پر مصلحت کا شکار نہیں ہوتی۔

سبھی نے دیکھا ہے قتل ہوتے مگر کوئی بولتا نہیں ہے
مجھی کو یارب زبان دے کہ یہ واقعہ چشم دید کر دے

طبیعتوں میں بہت انکسار تھا پہلے
ہمارے شہر کے لوگوں میں پیار تھا پہلے
کسی کا دکھ ہو مری آنکھ نم ہوا کرتی
میں سچ کہوں تو عبادت گزار تھا پہلے

رکھا ہوا نیزے پہ جو سر دیکھ رہا ہوں
گویا کہ اندھیرے میں سحر دیکھ رہا ہوں
ہے وقت کا خنجر مرے خوابوں کی رگوں پر
لٹتا ہوا سوچوں کا نگر دیکھ رہا ہوں

راستے کاٹ دیئے ہم نے خود اپنے ہاتھوں
ورنہ کیا جانئے ہم آج کہاں پر ہوتے

جو سچ کہا ہے تو اس کی سزا بھی جانتا ہوں
مجھے خبر ہے زباں میری کٹ بھی سکتی ہے

ادب اپنے دور کا آئینہ ہوتا ہے۔ جس دور ابتلا سے آج کا انسان گزر رہا ہے وہ کسی قیامت سے کم نہیں۔ نائن الیون کے بعد حالات نے جو رخ اختیار کیا ہے اس کے بعد معاشرتی ٹوٹ پھوٹ، ظلم، زیادتی، بے رحمی، بے اعتباری کا عمل اس تیزی سے جاری ہے کہ ہر حساس فکر اپنی ذات کے اشاریوں کو بھی انھی بے درد سماجی علامتوں میں ڈھالنے پر مجبور ہے۔ صائب جیسے حساس شاعر کے مندرجہ بالا اشعار میں اپنے عہد کا پورا منظر نامہ تمام تر شعری جمالیات کے ساتھ موجود ہے۔ وہ اپنے اطراف سے بے خبر اپنی ذات کے طواف میں محو رہنے والا شاعر نہیں ہے اس کی جڑیں جس مٹی میں ہیں وہ مٹی لہولہو

ہےاور صائب حرف حرف لہو۔

میرا مٹی سے جو رشتہ ہے نہیں مانتے لوگ
جرم ٹھہرا مرے آبا کا مہاجر ہونا

صائب نے ہر احساس کو اس طرح اپنے اشعار میں مجسم کیا ہے کہ بے اختیار اس کے فن پر دل جھوم کے داد دیتا ہے۔ شاعری کا فن اپنی نمود میں الفاظ کا فن ہے۔ الفاظ خواہ سادہ ہوں یا علامات و کنایات اور تشبیہ استعارات کی شکل میں اگر ان کے برتنے کا سلیقہ نہ ہوتو خیال کا بلند تصور بھی دل کو نہیں چھوتا۔ صائب لفظ و خیال کہ متھ کے حسین مجسمے بناتا ہے سوچ کے۔

کسی کے ساتھ گزرا ایک پل حاصل ہے جینے کا
کسی کے ساتھ جینا رائیگاں محسوس ہوتا ہے
کبھی لب بستگی میں بھی مزا ملتا ہے باتوں کا
کبھی لب کھولنا کارِزیاں محسوس ہوتا ہے
زخم تو رس رہا تھا اندر سے
میں رفو کررہا تھا باہر سے
رگوں میں اب لہو بھی نغمگی کے ساتھ بہتا ہے
ترے ملنے سے پہلے یہ بدن سنسان ہوتا تھا

صائب غزل ہو یا نظم وہ اپنے فن میں ابہام کے بجائے پورے شعری محاسن کے ساتھ بات کو سیدھے سادے اور پر اثر انداز میں کہنے کا قائل ہے۔ اس کے یہاں مبہم رمزیت اور بھٹکا دینے والی تصوریت یا لذت پرستانہ جمال پرستی اور رومان پسندی نہیں ملتی۔ اس کی فنی دسترس غزل تک محدود نہیں بلکہ نظمیں بھی اسی ہنرمندی سے زندگی کی دھوپ چھاؤں کی حقیقی تصویر ہیں۔

ایک نظم دیکھیے۔

مجھے احساس ہے اس ایک پل کا
جو میری زندگی کی انگلیوں سے اس طرح نکلا
کہ جیسے ڈور ہاتھوں سے نکل کر
انگلیوں کو کاٹ جاتی ہے
پتنگیں رقص کرتی ہیں ہوا کے دوش پر
اور کوئی اپنی زخم خوردہ انگلیوں کو
اپنے ہونٹوں سے دبائے
زندگ کا ذائقہ محسوس کرتا ہے
پتنگوں کے بجائے
آسماں کی وسعتوں میں
دائرہ محسوس کرتا ہے

ہم نے کتابوں میں جن سہانی راتوں، دھویں اور بارود کی بو سے پاک کھلی فضاؤں، ہرے بھرے کھیتوں اور محبت والے چوباروں اور آنگنوں کا ذکر سنا تھا اب وہ سب خواب ہوا۔ آج کا ادیب اور شاعر محبت کے لہولہان خوابوں کے گٹھڑی اٹھائے پھر رہا ہے جب کہ اس گٹھڑی میں دھرے خوابوں کی آنکھیں دھواں دھواں ہیں اور سانسوں میں بارود جم گئی ہے۔ صائب کا حساس دل اور سوچنے والا قلم ان دھجی دھجی خوابوں کو جوڑ کے کولاج بنانے میں مصروف ہے۔ یہ اس کی فکری کائنات کا وہ کولاج ہے جس میں حزن و یاس، امید و رجا، محبت کی محرومیاں اور خوش بختیاں سب کے رنگ مجسم ہیں۔ ہر شعر کی الگ شخصیت مگر سب ایک اکائی میں گندھے ہوئے۔ بہت خاموش رہنے والے شاعر صائب سے مل اور پھر اس کے کلام کو پڑھ کے مجھے بے ساختہ عطا شاد کا ایک مصرع یاد آ گیا جو واقعی اس کی مکمل تصویر ہے۔ خنک نظر ہے مگر دل الاؤ رکھتا ہے۔

نسیم سید

تُو

ہر اک ذی روح میں موجود
ہر بے جان میں تُو ہے
زمیں پر آنے والی
صبح کی پہلی کرن میں تُو
ہواؤں کی روانی میں
سمندر کی بپھرتی سر پھری لہروں میں
یا صندل کی خوشبو میں
تُو ہی موجود ہے یارب
کسی حاکم کے ایوانوں میں روشن
قیمتی فانوس ہوں یا
پھر کسی خستہ مکاں میں ٹمٹماتا اک دیا
روشن تجھی سے ہیں

تُو ہی کعبے کی دیواروں کے اک بے جان سے
پتّھر میں ہے موجود
تُو مسجد کے منبر پر
تُو ہی مندر میں رکّھی مورتی میں
اور گرجا گھر پہ آویزاں صلیبوں پر
جو تُو موجود ہر ذرّے میں ہے یارب
تو پھر تیری عبادت کے لیے
یہ لوگ مجھ کو
مسجد و مندر کی جانب کھینچتے ہیں کیوں

نکال دے مجھے دُکھ سے نکال دے مَولا
میں اُس کو بھول سکوں یہ کمال دے مَولا

ہر آئینے میں ترا عکس ہی نظر آئے
مری نظر کو تُو ایسا جمال دے مَولا

میں گردشوں میں بھی تیرا طواف کرتا رہوں
مرے وجود کو ایسا دھمال دے مَولا

بدن کے ساتھ مری روح رقص کرنے لگے
مرے لہو کی روانی کو تال دے مَولا

بھٹک رہا ہوں میں صحرائے ہجر میں کب سے
مرے سفر کو بھی شہرِ وصال دے مَولا

جھکی ہوئی یہ نگاہیں جھکی رہیں کب تک
نظر اٹھا کے ملوں یہ مجال دے مَولا

محبتوں کے سفر کی ہو ابتدا جس سے
مری غزل کو تُو ایسا خیال دے مَولا

الفاظ گفتگو کے لیے اب نہیں رہے
محسوس ہو رہا ہے مرے لب نہیں رہے

مانا کہ فاصلے ہیں بہت پھر بھی یہ بتا
ہم تیرے ساتھ ساتھ بھلا کب نہیں رہے

کچھ دیر گفتگو میں تو شایستہ وہ رہا
پھر یوں ہُوا کہ ہم بھی مہذب نہیں رہے

تیشے سے کوئی دُودھ کی نہریں نکال دے
ہاتھوں میں اب وہ عشق کے کرتب نہیں رہے

ہاتھوں کو اُس کی فتح کی خاطر اُٹھا دیا
دیکھا کہ اُس کے تیر و کماں جب نہیں رہے

چل رہا ہے جو یہاں تُو بڑے پندار کے ساتھ
سر نہ آجائے زمیں پر کہیں دستار کے ساتھ

جنگ کا فیصلہ دشمن کو مرے کرنا ہے
پھول رکھتا ہوں میں اک ہاتھ میں تلوار کے ساتھ

گھر کی تقسیم سے حل کوئی نہیں نکلے گا
مسئلے اور کھڑے ہوتے ہیں دیوار کے ساتھ

اس لئے خوف نہیں مدِّ مقابل کا مجھے
جاں ہتھیلی پہ جو رکھتا ہوں میں انکار کے ساتھ

مارنے والے کہانی میں مجھے، بھول گئے
میں پلٹ آؤں گا پھر سے نئے کردار کے ساتھ

اب مری فتح کے آثار نمایاں ہیں بہت
اب سبھی دوست مرے مل گئے اغیار کے ساتھ

تیرے ایوان سے مقتل کا پتہ ملتا ہے
اپنی مسند بھی وہیں ہے ترے دربار کے ساتھ

خدایا زخموں میں شدّتِ درد اور بھی کچھ شدید کردے
پھر اُس کے بعد ان تمام زخموں سے اک سخن تو کشید کردے

مچلنا اے دل بُرا نہیں ہے تو ضد بھی کرنا درست کب ہے
کسی کی آنکھیں نہیں کھلونا جو کوئی تجھ کو خرید کر دے

سبھی نے دیکھا ہے قتل ہوتے مگر کوئی بولتا نہیں ہے
مجھی کو یارب زبان دے کر یہ واقعہ چشم دید کردے

تری جزا و سزا کی منطق ہمارے افکار سے سِوا ہے
تو جس کو چاہے حُسین کردے تو جس کو چاہے یزید کردے

عبادتوں کے لیے عمارات مختلف ہیں خدا وہی ہے
تو چاہے مندر کو توڑ ڈالے کہ کوئی مسجد شہید کردے

منتظر اپنے لئے بھی جو کُھلے در ہوتے
ہم بھی اوروں کی طرح رات گئے گھر ہوتے

سر جُھکانے کا مرض پھیل گیا ہر جانب
ورنہ اس شہر میں کچھ لوگ قدآور ہوتے

اس سے پہلے نہیں گزرا ہوں یہاں سے شاید
ایسا ہوتا تو پھر اس راہ میں پتّھر ہوتے

راستے کاٹ دیئے ہم نے خود اپنے ہاتھوں
ورنہ کیا جانئے ہم آج کہاں پر ہوتے

جسم کے سائے سے اندازۂ قامت نہ کرو
جسم کے سائے نہیں قد کے برابر ہوتے

بجا سہی ابھی لغزش مری اُڑان میں ہے
یہ کم نہیں کہ مرا جسم آسمان میں ہے

پڑی ہے ہاتھ میں زنجیرِ مصلحت ورنہ
ترے غرور کا اک حل مری کمان میں ہے

لبوں کو بزم میں اک بار کھولنے دے ذرا
سماعتیں ہی بتائیں گی کیا بیان میں ہے

کسی کی تلخیء گُفتار ہم نہیں سہتے
یہ بات مجھ میں نہیں سارے خاندان میں ہے

کرم ہے اُس کا کہ لفظوں میں ڈھال دیتا ہے
جو ایک درد کا شُعلہ مری زبان میں ہے

تمھارے ظلم کی معیاد گھٹ بھی سکتی ہے
یہ میرے پاؤں کی زنجیر کٹ بھی سکتی ہے

جو سچ کہا ہے تو اس کی سزا بھی جانتا ہوں
مجھے خبر ہے زباں میری کٹ بھی سکتی ہے

دلوں کے بیچ جو دوری ہے اُس کو ختم کریں
یہ سرحدوں کی رکاوٹ تو ہٹ بھی سکتی ہے

مجھے شکست نظر آ رہی ہے خود اپنی
مگر یقین ہے بازی پلٹ بھی سکتی ہے

جب کُھلے دشت میں ہو شام کا آخر ہونا
رنج دیتا ہے مجھے اپنا مسافر ہونا

درد جب حد سے بڑھا ہے تو مجھے یاد آیا
زخم بھرنے پہ خدایا ترا قادر ہونا

میرا مٹی سے جو رشتہ ہے نہیں مانتے لوگ
جرم ٹھیرا مرے آبا کا مہاجر ہونا

دل نے ہر رنگ میں تنہائی کو محبوب کیا
اُس کی محفل میں بھی ہونا تو بظاہر ہونا

حاکمِ شہر کا فرمان سر آنکھوں پہ مگر
ہم نے سیکھا نہیں دربار میں حاضر ہونا

کیوں نہ کرتا میں فدا اُس پہ دل و جاں آخر
اُس بھلے شخص کو بھایا مرا شاعر ہونا

اگر تُو ساتھ ہو سارا جہاں محسوس ہوتا ہے
نہیں تو یہ جہاں بس اک گماں محسوس ہوتا ہے

کسی کے ساتھ گزرا ایک پل حاصل ہے جینے کا
کسی کے ساتھ جینا رائیگاں محسوس ہوتا ہے

کبھی یہ خواہشِ پرواز لے کر ساتھ اُڑتی ہے
کبھی اُڑنا قفس کے درمیاں محسوس ہوتا ہے

کبھی ویرانیاں دل کا نگر آباد رکھتی ہیں
کبھی یہ شہر گردِ رفتگاں محسوس ہوتا ہے

کبھی لب بستگی میں بھی مزا ملتا ہے باتوں کا
کبھی لب کھولنا کارِ زیاں محسوس ہوتا ہے

طبیعتوں میں بہت انکسار تھا پہلے
ہمارے شہر کے لوگوں میں پیار تھا پہلے

کسی کا دُکھ ہو مری آنکھ نم ہوا کرتی
میں سچ کہوں تو عبادت گزار تھا پہلے

نئے خداؤں کے آگے میں جُھک نہیں سکتا
وہی ہے جو مرا پروردگار تھا پہلے

بچا کے لایا صفِ دشمناں سے میں جس کو
وہ میری جان کا دشمن ہے، یار تھا پہلے

ریاضتوں نے بنایا ہے روشنی مجھ کو

بجھا چراغ سرِ رہ گزار تھا پہلے

پڑی لہو کی ضرورت تو میری یاد آئی

کہ دست بستہ یہی خاکسار تھا پہلے

سفر کے بیچ کوئی یوں رکا نہیں کرتا
محبتوں میں تو ایسا ہُوا نہیں کرتا

شکستہ پا ہوں میں اور تیرے شہر کی گلیاں
یہ کہہ رہی ہیں، یہاں تُو رہا نہیں کرتا

میں قتل ہو کے بھی زندہ ہوں تم کو حیرت ہے
تمہیں خبر ہی نہیں سچ مرا نہیں کرتا

کچھ اختیار دیا ہے تمہیں بھی دنیا میں
ہر ایک کام تو صائبؔ خدا نہیں کرتا

ماں

جس کے چہرے پہ نظر آئے خدا کا پرتَو
جس کی آنکھوں میں چمکتی ہو فقط پیار کی لَو
جس کی پلکوں پہ نظر آئے وفا کی شبنم
جس کے ہونے سے نہ ہوتا ہو کسی طرح کا غم
جس کو تخلیق کے جوہر پہ ہو قدرت حاصل
جس کی دھڑکن ہو ہر اک لحظہ لہو میں شامل
جس کی آغوش میں احساس تحفظ کا رہے
جس کی مسکان سے مرجھا ہوا دل کِھل اُٹھے
جس کے لہجے سے ٹپکتی ہو محبت کی مٹھاس
جس کے الفاظ سے بندھ جاتی ہو ٹوتی ہوئی آس
جسکی آواز سے ہر صبح صحیفہ کُھل جائے
جس کی لوری سے ہر اک خواب دریچہ کُھل جائے

جس کے ادراک سے پیدا ہو دماغوں میں شعور

جس کی تعلیم سے آنکھوں میں اتر آتا ہو نور

ایسے پیکر کو محبت کا جہاں کہتے ہیں

سادہ اک لفظ میں ہم سب اسے ماں کہتے ہیں

کتابیں تم سے اچّھی ہیں

کتابیں تم سے اچّھی ہیں
سرہانے کے بہت نزدیک جو
اِس طرح میری منتظر رہتی ہیں جیسے
کوئی لڑکی خواب کی دہلیز سے
انجان شہزادے کی راہیں دیکھتی ہو
کتابیں تم سے اچّھی ہیں
کہ جب میں شام کو
دن بھر مشّقت کر کے ان کے پاس آتا ہوں
تو یہ اپنی قبائیں کھول کر
الفاظ کی خوشبو بساتی
میری بانہوں میں سماتی ہیں
یہ میری آنکھ میں خوش رنگ نظّارے سمو کر

میرے ہونٹوں پر
صدائے حرف رکھتی ہیں
تو یوں محسوس ہوتا ہے
کہ جیسے قاف کی کوئی پری
ہونٹوں پہ میرے
اپنی نازک انگلیوں کا لمس رکھتی ہو
کتابیں تم سے اچّھی ہیں
میں جس موضوع پر چاہوں
یہ مجھ سے بات کرتی ہیں
مِلا کر میرے شانے سے یہ شانہ
آ گہی کے راستے پر ساتھ چلتی ہیں
کتابیں تم سے اچّھی ہیں
مری آنکھوں کی بے خوابی سمجھتی ہیں
سو مجھ کو لوریاں دے کر
مری نیندوں کو خوابوں سے سجاتی ہیں
مرے سینے پہ سر رکھ کر
مجھے فرقت کے ژولیدہ خیالوں سے بچاتی ہیں

قالین

یہ مانا بہت خوبصورت ہے لیکن
یہ قالین پھر بھی نہ میں لے سکوں گا
بہت نرم ہے اور جاذِب نظر بھی
کہ نازُک سے پھولوں نے اس کو بُنا ہو
ذرا اس کے ان سُرخ رنگوں کو دیکھو
کہ گالوں کی سُرخی ہو جیسے نچوڑی
یہ گولائی، یہ نقش اور زاویے سب
بہت نرم ہاتھوں سے جیسے بُنے ہوں
یہ اس کے کناروں کی رنگین جھالر
کہ معصوم خوابوں کی کوئی لڑی ہو
ذرا اس مہارت کا عالم تو دیکھو
سبھی رنگ یکجا ہیں پھر بھی جُدا ہیں
بہت ہی مُناسب ہے قیمت بھی اس کی
یہ قالین پھر بھی نہ میں لے سکوں گا
میں معصوم بچّوں کا قاتِل نہیں ہوں

وائٹ ہاؤس

White House

درمیانِ واشنگٹن

اک سفید بلڈنگ ہے

جس میں ایک جادوگر

اوڑھ کر عجب ٹوپی

سرخ اور کچھ نیلی

شعبدے دکھاتا ہے

اُس کے اک اشارے پر

سب غریب ملکوں کے

سربراہ آتے ہیں

سر جھکائے جو اپنے

ملک کے غریبوں کی

عزت و اَنا اُس کی

سرخ نیلی ٹوپی میں
کپکپاتے ہاتھوں سے
ایسے ڈال جاتے ہیں
جیسے اک مداری کے
ڈگڈگی بجانے پر
اُس کا پالتو بندر
ناچ کر دکھاتا ہے
اپنا سر جھکاتا ہے
اس سفید بلڈنگ کے
سامنے بہت سے لوگ
آج محوِ حیرت ہیں
فرق صرف اتنا ہے
لوگ اس عمارت کو
دیکھ کر بہت خوش ہیں
اور میں کہ شرمندہ
اس سفید بلڈنگ میں
قید اپنی خوداری
دیکھ کر فسردہ ہوں
مجھ کو ایسا لگتا ہے
اپنے رہنماؤں کی
طرح میں بھی مُردہ ہوں

لکیریں

یہ میرے ہاتھوں کی سب لکیریں
سنا رہی ہیں مری کہانی
کسی سے وابستہ میرا بچپن
کسی سے وابستہ ہے جوانی
لکیر دل کی ہے کچھ شکستہ
جو دوستوں کی عنایتوں سے
بہت سے حصوں میں بٹ گئی ہے
جگہ جگہ سے یہ کٹ گئی ہے
لکیر قسمت کی ایک ٹوٹی سڑک کی مانند
جس کے آخر میں یہ لکھا ہو
کہ آگے رستہ نہیں ہے کوئی
لکیر رشتوں کی دن بدن ختم ہو رہی ہے

کہ چاہتوں کی زمین پر اب
ضرورتوں کی عمارتیں ہیں
لکیر دانش کی سر پھری ہے
لکیر قسمت کی کاٹ کر جو
کچھ اس طرح سے گذر رہی ہے
کہ جیسے پیاسی صلیب کوئی
یہ زندگی کی لکیر دیکھو
کہیں سے دھندلی کہیں سے گہری
کہ جس طرح اک گمان ہونے کا
اور نہ ہونے کا اک یقیں ہو
یہ میرے ہاتھوں کی سب لکیریں
ہیں ٹوٹی پھوٹی، ہیں سب شکستہ
لکیر کوئی اگر ہے پختہ، تو ہے سفر کی
کہ جیسے ہجرت کے راستے پر کوئی مسافر
بغیر منزل کے چل رہا ہو

امن کے علمبردار

برتری کے لیے

چند بدمست ہاتھی گراتے رہے

ایک سرسبز و شاداب انوکھا شجر

ہیروشیما کی دھرتی پہ جھلسا دیے

چھاؤں دیتے ہوئے اس کے پتے ہرے

پیار کا ہاتھ ہر سُو بڑھاتی ہوئی

ناگا ساکی میں شاخوں کو کاٹا گیا

جرمنی میں ہوئے اس کے ٹکڑے ہزار

اور وہ ٹکڑے بھی بھٹی کا ایندھن بنے

بازنیا میں چھال ایسے نوچی گئی

جیسے جنسی مریض

نوچ ڈالے کسی مہ جبیں کا بدن

اور فلسطین میں
جس زمیں سے نمود اس کی ہوتی رہی
اُس زمیں پر لہو کو بہایا گیا
چیچنیا میں بھی یہ گھنیرا شجر
اپنی جڑ سے کچھ ایسے اُکھاڑا گیا
اس کے ہونے کا نام ونشاں تک نہیں
آج امریکہ میں یہ تناور شجر
اپنے قامت پہ جس کو بہت ناز تھا
راکھ کا ڈھیر ہے
اس کے چاروں طرف
سارے بدمست ہاتھی ہراساں کھڑے
بین کرتے ہیں زیتون کے پیڑ کا

تُو جو پاس ہوتا تھا

تُو جو پاس ہوتا تھا
دل گداز تھا میرا
روح بھی شگفتہ تھی
ہونٹ مسکراتے تھے
آنکھ کے دیے ہر پل
روشنی لٹاتے تھے
ذہن کے عناصر میں
ربطِ خاص ہوتا تھا
تُو جو پاس ہوتا تھا
سوچ کے جزیرے پر
حرف لفظ بن بن کر
جا بجا بکھرتے تھے

میں سمیٹ کر اُن کو
تیری نذر کرتا تھا
تیرے قرب کے باعث
شاعری بھی کرتا تھا
پاس تُو نہیں جب سے
خاص کچھ نہیں تب سے
آنکھ تیرگی کا عکس
ہر طرف بچھاتی ہے
روح جسم کو لے کر
بے اِرادہ پھرتی ہے
ہونٹ خامشی اوڑھے
گفتنی سے ڈرتے ہیں
سوچ کے جزیرے پر
حرف لفظ بن بن کر
اب کہاں اُترتے ہیں
شاعری تو کرتا ہوں
شاعری نہیں ہوتی
قافیے ردیفوں میں
اب خیال مرتے ہیں

بزرگی بہ عقل است نہ بہ سال

سُنا تھا میں نے بچپن میں لطیفہ
کہا اُستاد نے شاگرد سے یہ
بھلا کیوں دیر سے اسکول آئے
کہا شاگرد نے بارش کے باعث
اُٹھاتا اک قدم آگے کی جانب
پھسل کر دو قدم پیچھے کو جاتا
ہُوا اُستاد حیراں اور پوچھا
تو پھر تم کس طرح اسکول پہنچے
کہا شاگرد نے اُستاد سے یہ
کہ میں پیچھے کی جانب چل پڑا پھر
مَیں اکثر سوچتا ہوں یہ کہ شاگرد
بخوبی سمت سے واقف تھا اپنی
ہماری قوم لیکن بے خبر ہے
نہ جانے کس طرف ہم جا رہے ہیں

پناہ

سنو تم مُلک میں اپنے

مجھے کچھ روز جینے دو

کوئی مُجرم نہیں ہوں میں

اگر سرزد ہُوا ہے جرم، تو اتنا

کہ اندھے شہر میں

بینائی نے تاریک راتوں سے

اُجالا کاڑھنے کی آرزو کی ہے

مجھے معلوم ہے

اس جرم کی پاداش میں کل بھی

پیالہ زہر کا سقراط کے ہونٹوں تک آیا تھا

جو میری موت سے

سب مسئلوں کا خاتمہ ہوتا

مجھے مرنا گوارا تھا
سنو تم مُلک میں اپنے
مجھے کچھ روز جینے دو
میں اپنے مُلک کا موسم بدلتے ہی
پڑاؤ ختم کرلوں گا
مِری ماں کی سماعت
منتظر ہے گھر کے دروازے پہ دستک کی
مِری بہنوں کی اُمیدیں
مِری سانسوں سے زندہ ہیں
کتابیں منتظر رہتی ہیں میری میز پر اب بھی
کسی کی سانس کی قربت
مجھے آواز دیتی ہے
خود اپنے ہاتھ سے فرقت کا کڑوا زہر پینے دو
سنو تم مُلک میں اپنے مجھے کچھ روز جینے دو

گورکن

سپاٹ چہرہ
خموش آنکھیں
زباں پہ بے نام قفل ڈالے
کھڑا ہے دہلیزِ شہر پر وہ
کدال کاندھوں پر اپنے ڈالے
کہ جس کا ہے انتظار اُس کو
وہ کوئی مہ وش پری نہیں ہے
نہ کوئی ہمدم رفیق اُس کا
نہ کوئی دشمن رقیب اُس کا
وہ درحقیقت ہمارے جیسا ہی ایک انساں ہے
روح جس کی بدن کے زنداں کو توڑ کر
ان کھلی فضاؤں میں آج آزاد ہوگئی ہے
لو اُس کی دہلیز پر ہے آئی

پھر اک نئی لاش بن سنور کے
لو اُس کے ہاتھوں میں برق دوڑی
پھر اُس کی آنکھوں میں چند بے نام چاند چمکے
کدال تیزی سے چل رہی ہے
زمیں سے مٹی کچھ اس طرح سے نکل رہی ہے
کہ جیسے اک کوہکن کے تیشے سے
لعل و گوہر نکل رہے ہوں
کدال تیزی سے چل رہی ہے
وہ سوچتا ہے
کہ گھر میں فاقہ کئی دنوں بعد ختم ہوگا
دوا ملے گی بخار میں مبتلا پسر کو
نہیں تو پچھلے برس کی صورت
اک اور چھوٹی سی قبر
بغیر اُجرت ہی پھر اُسے کھودنا پڑے گی
کدال اب اُس کی رک گئی ہے
وہ اپنے ہاتھوں سے لاش کو دفن کر چکا ہے
مگر وہ افسردہ ہوگیا ہے
کہ کس طرح غم زدہ دلوں سے
وہ اپنی اُجرت طلب کرے گا
کہ شرم سے اُس کا زرد چہرہ

کچھ اور بھی زرد ہو گیا ہے
گِلا ہے اُس کو خدا سے اپنے
وہ سوچتا ہے
الٰہی تو نے یہ میری قسمت میں کیا لکھا ہے
کہ رزق لاشوں سے میرا وابستہ کر دیا ہے
دُعا سے بڑھتا ہے رزق سب کا
میں تجھ سے کیسے کہوں کہ یا رب
بڑھا دے کچھ اور رزق میرا
کہ میری خوشیوں کو تو نے اوروں کے غم سے وابستہ کر دیا ہے

سپاٹ چہرہ
خموش آنکھیں
فضا بھی خاموش ہو گئی ہے

ورثہ

مجھے اقرار ہے تو نے
کڑی تپتی ہوئی اس چلچلاتی دھوپ میں
میرے لیے
اپنے گھنیرے بازوؤں کا سائباں تانے ہوئے رکھا
مجھے سردی کی یخ بستہ ہواؤں میں
تِرے ہی جسم سے اُٹھتی حرارت نے سکوں بخشا
ابھی تک شہر کی اُونچی عمارت
مسجد و مندِر پہ تیرے
کھردرے ہاتھوں کی صنّاعی گواہی ہے
کہ تو نے موسموں کی سختیوں کو جھیل کر
اس جسم کو آسودگی بخشی
مجھے اقرار ہے یہ بھی

کہ تُو نے تو
ودیعت کر دیا اپنا ہنر مجھ کو
کہ میں بھی وجد کی شاقول اور الفاظ کی پرکار لے کر
حیات آسا خیالوں کی عمارت پر
محبت کا وظیفہ نقش کرتا ہوں
مجھے اقرار ہے لیکن
میں خود سے پوچھتا ہوں
کیا ترے فن کی نئی صورت لیے
فروا کے لمحوں کو
کبھی آسودہ حالی دے سکوں گا میں
مجھے اقرار ہے لیکن

آگ برستی لگتی ہے دیواروں سے
صائبؔ کیا لکھ آئے ہو انگاروں سے

قتل کے بعد مجھے سائے میں ڈال آتے
اتنی تو اُمید تھی مجھ کو یاروں سے

میرا دُکھ سُکھ بانٹنے تو آ جاتے ہیں
ہمسائے اچھے ہیں رشتے داروں سے

دیکھ لو اپنا سر رکھا ہے نیزوں پر
فاصلہ ہم نے رکھا ہے دستاروں سے

آخر کب تک قتل کی خبریں پڑھنی ہیں
اب تو وحشت ہوتی ہے اخباروں سے

آخرِ شب پھر تری یادوں سے پالا پڑ گیا
دن نکلتے ہی مرے پیچھے اُجالا پڑ گیا

رفتہ رفتہ ہجرتوں کے سانپ داخل ہو گئے
دیکھتے ہی دیکھتے اک گھر میں تالا پڑ گیا

گِھر گیا ہے مصلحت کی مکڑیوں میں آدمی
کچھ نظر آتا نہیں آنکھوں میں جالا پڑ گیا

تجھ سے بچھڑا ہوں تو لگتا ہے کہ سورج بُجھ گیا
اور جیسے چاند کا بھی رنگ کالا پڑ گیا

گفتگو کرتا نہیں خاموش ہی رہتا ہوں میں
کیا کروں میرا سمجھ داروں سے پالا پڑ گیا

لفظ ایسے زبان سے نکلے
تیر جیسے کمان سے نکلے

آنکھ سے اشک یوں گرا گویا
کوئی جلتے مکان سے نکلے

گھر کے اندر خدا رہا لیکن
لوگ باہر اذان سے نکلے

جو فصیلِ ستم گِرا آئے
لوگ وہ دھان پان سے نکلے

میں ضبط کی ہوئی املاک پر نہیں رہتا
سو اے وطن میں میں تری خاک پر نہیں رہتا

نہیں ہے خوف بلندی سے مجھ کو گرنے کا
زمیں پہ رہتا ہوں افلاک پر نہیں رہتا

اب اور کتنے برس گردشوں میں رکھے گا
تمام عمر کوئی چاک پر نہیں رہتا

بہا رہے ہیں جو میرا لہو وہ یاد رکھیں
زیادہ دیر لہو خاک پر نہیں رہتا

مری رگوں سے وہ دل میں کشید ہوتا ہے
جو اشک دیدۂ نمناک پر نہیں رہتا

کس انتظار میں بیٹھے ہو تم ڈرے لوگو
اب اور کتنا مرو گے بھلا مَرے لوگو

تمھاری شکل سنوارے گا کون کُوزہ گر
وہ نم کہاں گیا اے چاک پر دھرے لوگو

یہ کس نے زردیاں بھر دیں تمھاری آنکھوں میں
یہ کیا ہوا تمھیں میرے ہرے بھرے لوگو

خدا پہ ڈال رکھا ہے ہر ایک کام یہاں
تمھارے کام بھی گویا، خدا کرے لوگو

نہیں ہے غم میرے حق میں گر فیصلہ نہیں تھا
بیان لیکن مرا کسی نے سُنا نہیں تھا

وہ جیت کر بھی نہ جانے کیوں ہوگیا پشیماں
شکست کے بعد بھی مِرا سر جُھکا نہیں تھا

ہماری قسمت میں اُس کی مجبوریاں لکھی تھیں
وگرنہ وہ شخص اس قدر بے وفا نہیں تھا

شہادتیں تو سبھی ہمارے خلاف ٹھہریں
ہمارے ہاتھوں سے قتل لیکن ہُوا نہیں تھا

ہتھیلیوں پر چراغ اُس کی بجھے ہوئے تھے
ہماری دہلیز پر بھی روشن دِیا نہیں تھا

اُسے صدا دے کے روکنا چاہتے تھے صائبؔ
ہمارے ہونٹوں پہ کوئی حرفِ دُعا نہیں تھا

نظریں ملا کے بات ذرا صاف کر
میرا کہا غلط ہے تو پھر اختلاف کر

لوگوں کے خوف سے نہ چھپا دل کی بات تُو
چاہت کا اپنی کُھل کے ذرا انکشاف کر

دنیا تری وہی ہے صحیفوں کے بعد بھی
اپنی شکستِ فاش کا اب اعتراف کر

سہمے ہوئے کھڑے ہیں سروں کو جھکائے لوگ
آئینِ جبر توڑ ذرا انحراف کر

نایاب ہے تلاش سے ملنے کا وہ نہیں
مسجد میں کچھ دنوں کے لیے اعتکاف کر

شہرِ علم

نہ خیمہ زن تھے

نہ ہونٹوں پہ پیاس تھی اُن کے

نہ پاس ہی کوئی بے حس فرات بہتا تھا

نہ اُن کے سامنے خالی پڑے تھے مشکیزے

کماں بدست ہی تھے اور نہ تیر ایستادہ

علم اُٹھائے نہ عباس ہی تھا صف آرا

نہ قافلے میں تھا کوئی علی کا شہزادہ

مگر جہاد وہی تھا لیے نئی صورت

قلم تھے ہاتھ میں تلوار کی طرح گویا

کتابیں تھامے ہوئے تھے جو ڈھال کی صورت

کھڑے تھے علم کے در پر کئی علی اصغر

کہ شہرِ علم کا مطلب ہے میرا پیغمبر

یزیدیت کا تقاضہ وہی کہ بعیت ہو
کہ شہرِ علم کی گلیوں میں صرف وحشت ہو
حسینیت کا وہی فیصلہ نہ جھکنے کا
قبول کوئی دباؤ نہ خوف مرنے کا
سو شہرِ علم بچاتے ہوئے شہید ہوئے
یہ میرے طفل مری خاک میں کشید ہوئے

مرے پیمبر

جو لوگ تیرا علم اُٹھائے
رہِ زمانہ پہ چل رہے ہیں
وہ لوگ اپنے کریہہ چہروں
اور اپنی شہوت زدہ نگاہوں پہ
داڑھیوں کا لبادہ اُوڑھے
عظیم مذہب کو
نسلِ آدم کے سامنے یوں رگیدتے ہیں
کہ جیسے خارش زدہ سگ آزاد
جسم اپنا رگیدتا ہو

مرے پیمبر
یہ بے بصر لوگ
نابلد سورہء علق سے

اُڑا رہے ہیں بموں سے اپنی ہی درسگاہیں
جہاد کی روح کے منافی
یہ بے گناہوں کو قتل کر کے
تری شفاعت کے مدعی ہیں
مرے پیمبر
ترا صحیفہ جو معجزہ ہے
یہ معجزہ جاہلوں کو بیمار ذہن کی کب خبر کرے گا
یہ معجزہ کب اثر کرے گا

اپنے لوگوں کے نام

غریب لوگو

ستم گزیدہ عجیب لوگو

تمھاری آنکھیں جو منتظر ہیں

کہ کوئی عیسیٰ نفس تمھارے

بریدہ خوابوں کی لاش اُٹھا کر

پڑھے گا پھر سے وہ اسمِ اعظم

کہ جس سے یہ خواب جی اُٹھیں گے

غریب لوگو

ستم گزیدہ عجیب لوگو

یہ جان لو تم، کہ وہ پیمبر

دلوں میں موجود ہے تمھارے

تم اپنے بازو کماں کرو گے

تم اپنے سینے سپر کرو گے

تو پھر وہ عیسیٰ نفس تمھارے

بریدہ خوابوں کو زندگی کی نوید دے گا

اگر یونہی سر جھکے رہے تو

غنیم اس بار خواب کیا ہیں

تمھاری آنکھیں ہی نوچ لے گا

تمھاری آنکھوں میں جو شرارے ہیں

وہ شرارے نہیں رہیں گے

تمھارے پیارے نہیں رہیں گے

غریب لوگو، ستم گزیدہ عجیب لوگو

اُٹھو کہ اب وقت آ گیا ہے

پھانسی

ہاتھ جکڑے ہوئے
اور پیروں تلے
تختۂ موت ایسے لرزتا ہُوا
جیسے ایوانِ شاہی کی بنیاد ہو
ختم ہونے کو بس جس کی معیاد ہو
موت کا پھندہ اب ہے گلے میں مرے
زندگی موت کے درمیاں
ایک لمحہ بچا
اور لمحے میں موجود چہرہ ترا
تُو قریب آ گئی
تُو نے باہیں گلے میں مرے ڈال دیں
اب نہ پھندے کا خوف اور نہ جلاّد کا

لو وہ تختہ گیا
جسم اپنے فضا میں مُعلّق ہوئے
تیرے ہونٹوں سے امرت کو میں پی گیا
ایک لمحے میں، مَیں زندگی جی گیا

ری یونین

Reunion

بہت بوجھل سا دن گذرا

یہ سوچا شام کچھ بہتر ہی گذرے گی

کہ آج اسکول کے سب دوست

مدت بعد پھر سے مل رہے تھے

میں پرانی یاد، بیتے دن

سجائے آنکھ میں

اک خوبصورت ہال میں پہنچا

تو یہ دیکھا

سبھی چہروں پہ گذرے وقت کی بوڑھی تھکن

اوڑھے ہوئے آئے

مگر الفاظ میں ایسی توانائی

کہ جیسی شاہراہوں پر دوائیں بیچنے والوں کی باتوں میں

کسی نے یہ کہا

اس ملک میں اُس سے بڑا سرجن نہیں کوئی

کوئی بزنس میں نمبر ایک

تو کوئی وکالت میں

مرا اک دوست کمپیوٹر میں لاثانی

تو اک تعمیر کے شعبے میں یکتا تھا

پھر اُس کے بعد میرے دوستوں نے

مجھ سے میری حیثیت پوچھی

میں کیا کہتا

کہ آج اک نوجواں کی لاش کو کاندھا دیا میں نے

میں خاموشی سے اُٹھ کر گھر چلا آیا

بہت بوجھل سا دن گذرا

مگر اُس سے زیادہ شام بوجھل تھی

رقص ہے کہ جاری ہے

آ گیا سپیرا لو
سانپ اک نیا لے کر
پھر تماشا دکھلانے
اس کی بین بجتے ہی
بیخودی کے عالم میں
سانپ جھوم کر اس کی
ٹوکری سے نکلے گا
بین کی مدھر آواز
سب سماعتوں پر اک
وجد طاری کر دے گی
لوگ چند لمحوں تک
سانپ اور سپیرے میں

خود کو بھول جائیں گے
دُکھ کو بھول جائیں گے
اور خوشی کے عالم میں
اپنی جیب کے سکّے
ڈال دیں گے جھولی میں
با ہنر سپیرے کی
بعد کچھ دنوں کے پھر
آئے گا سپیرا یہ
سانپ اک نیا لے کر
بین پھر بجائے گا
رقص پھر یونہی ہوگا
لوگ اپنی جیبوں کے
پھر لُٹائیں گے سکّے
با ہنر سپیرا بھی
خوب جانتا ہے یہ
سانپ سُن نہیں سکتے
اور تماش بیں سارے
دیکھ ہی نہیں سکتے

مت سمجھئے مٹا ہُوا ہوں میں
حرف ہوں اور لکھا ہُوا ہوں میں

خود بھی زخما رہا ہوں اپنے کو
دشمنوں سے مِلا ہُوا ہوں میں

کیا خطا مجھ سے ہو نہیں سکتی
دودھ سے کیا دھلا ہُوا ہوں میں

خاک اُڑانے میں کیا قباحت ہے
خاک ہی سے بنا ہُوا ہوں میں

جُھک کے ملنا ہے میری خُو ورنہ
تیر ہوں اور کھنچا ہُوا ہوں میں

جب دور تھا تو قُرب کی ہوتی رہی طلب
اب روبرو ہُوا تو مرے سِل گئے ہیں لب

محتاط ہو کے آپ ذرا بات کیجیے
اب کیا بتائیں ہم بھی ذرا سے ہیں بے ادب

کٹتا ہے اُس کا وقت عبادت میں آج کل
ہم کو بھی روزگار سے فرصت نہیں ہے اب

آنکھیں جلا رکھی ہیں سحر کی نوید پر
لیکن سیاہ بخت کی کٹتی نہیں ہے شب

مطلع میں اُس کو ہم نے عیاں کر دیا تو ہے
مقطع کہیں غزل کا یہ ہمت نہیں ہے اب

میں کس قدر قریب ہوں تجھ کو گماں نہیں
تُو مجھ کو ڈھونڈتا ہے وہاں میں جہاں نہیں

میں جل کے تیری آگ میں نایاب ہو گیا
یہ دیکھ راکھ ہو کہ بھی میں رائیگاں نہیں

اس شہرِ کم نظر نے اُسے قتل کر دیا
ہاتھوں میں جس کے پھول تھے کوئی کماں نہیں

اب کیسا انتظار ہے اتنا مجھے بتا
بس اک خلا ہے اور کوئی درمیاں نہیں

اُس کی گلی سے جان بچا لائے ہیں سو اب
یہ زندگی ہمارے لیے امتحاں نہیں

سروں پہ دُھوپ کا اک سائبان رہنے دے
زمیں رہے نہ رہے آسمان رہنے دے

میں آگہی کی فصیلوں کو چُوم آیا ہوں
مرے خدا، تُو مجھے بے زبان رہنے دے

امیرِ شہر کا ایوان کانپ اُٹھے گا
غریبِ شہر ہوں میرا بیان رہنے دے

مِرے خدا ترے دوزخ کو خُلد سمجھوں گا
میں اک بشر ہوں مرا امتحان رہنے دے

مہک تو گُل کی ہر اک سمت جائے گی صائبؔ
وہ چاہتا ہے تجھے یہ گمان رہنے دے

زخم تو رِس رہا تھا اندر سے
میں رفو کر رہا تھا باہر سے

پوری ہوتی نہیں دُعا میری
اُٹھ نہ جائے یقیں خُدا پر سے

تیری تصویر ہوگئی ناراض
دیر کچھ ہو گئی تھی دفتر سے

حرف اُس کے تھے سنگ کے مانند
کرچیاں ہو گیا ہوں اندر سے

گھر میں دیوار اُٹھ گئی صائبؔ
لوگ کچھ آگئے تھے باہر سے

ایک منٹ کی خاموشی

(کشمیر میں زلزلے کے ایک سال بعد حکمرانوں کی بے حسی کے نام)

تمھاری آنکھ سے آنسو رواں ہیں
تمھارے زخم اب تک رِس رہے ہیں
مسیحائی کا دعوی کرنے والے
ابھی تک محو ہیں خوابِ گراں میں
تمھارے دل کے چھالوں کی تپک کو
گزرنے کو ہے پورا سال لیکن
مداوا ہے نہ ہے تدبیر کوئی
مگر فرمانِ شاہی کے مطابق
تمھاری غم گساری میں اُنھوں نے
کیا آغاز دن کا خامشی سے
وہ خاموشی تھی پورے اک منٹ کی
کوئی پوچھے ذرا ان حاکموں سے
گئے بارہ مہینوں کی خموشی، کم نہیں تھی

تمہیں خاموش رہنا ہے

کہا تھا تم سے پہلے بھی
کہ تم خاموش ہی رہنا
ابھی واقف نہیں ہو گفتگو کے ضابطوں سے تم
ہمیشہ تم وہاں سچ بول اُٹھتے ہو
جہاں سچ بولنا معیوب ٹھہرا ہے
تمہیں اس سے غرض
کوئی بدلتا ہے کہانی کی اگر ترتیب
تو اُس کو بدلنے دو
حقیقت مسخ کرتا ہے تو کرنے دو
کوئی مظلوم کو ظالم کہے
یا پھر
کوئی الزام دھر دے بے گناہوں پر

تمھیں اس سے کوئی مطلب
قلم بیچے کوئی
یا حرف کی سوداگری میں
روح کو گروی رکھے
لیکن تمہیں خاموش رہنا ہے
بہت مصروفیت کی زندگی ہے
شہر کی سڑکوں پہ ہوتے قتل بھی
اس تیز رفتاری کا حصّہ ہیں
کسی کو وقت ہی کتنا میّسر ہے
زباں کھولے گواہی دے
سو تم بھی اپنے ہونٹوں پر
خدارا اُنگلیاں رکھ لو
اگر یہ کر نہیں سکتے
تو پھر بینائی کو اپنی
کسی اندھے بھکاری کے
تہی کاسے میں ڈال آؤ
تہی کاسے تمہیں معلوم ہے
خاموش رہتے ہیں

گِلا

طویل اک گفتگو کے بعد

ٹیلیفون پر میں نے

اجازت اُس سے چاہی تو

کہا اُس نے

کہ ساری گفتگو میں

پیار کے دو لفظ جو

رومانیت کی آنچ لے کر

اُس کے کانوں میں اُتر جاتے

ندارد تھے

نہیں تھا گفتگو میں لفظ ایسا کوئی بھی

جو میرے ہونٹوں سے نکل کر

اُس کے دل پر ثبت کرتا

پیار کا بوسا

میں اُس سے کس طرح کہتا
کہ جب حالات کی تلخی
رگوں میں زہر بن کر دوڑتی ہو
گفتگو رومانیت کی چاشنی میں
گُھل نہیں سکتی
میں اُس سے کس طرح کہتا
تم اپنے خوبصورت خال و خد کو
میری آنکھوں میں سمانے دو
تم اپنے گیسوؤں کو حکم دو
مجھ پر
بدلتے موسموں کے راز کو افشاء کریں
میری سماعت کو
تم اپنی چوڑیوں کی دلفریب آواز پہنا دو
مرے ہونٹوں پر اپنے ہونٹ رکھ کر
اِذنِ گویائی عطا کر دو
مرے الفاظ کو رومانیت سے آشنا کر دو

یادِ رفتگاں

روز ہی قافلۂ زیست میں چلنے والے
اپنی بے نام مسافت کی تھکن سے تھک کر
ختم کر لیتے ہیں معیادِ سفر کو اپنی
کچھ تو چہروں پہ لپیٹے ہوئے گمنامی کو
گھور سیّال اندھیروں میں اُتر جاتے ہیں
اور کچھ لوگ کہ اپنی رگِ جاں کٹنے پر
یوں اُبھرتے ہیں کہ منزل کا نشاں بنتے ہیں
اُن کی تحریر نئی فکر کا خنجر لے کر
دفن کر دیتی ہے فرسودہ روایات کی لاش
اُن کے الفاظ سلگتے ہوئے زخموں کے لیے
کام دیتے ہیں سکوں بخش نئے مرہم کا
روشنی حرف کی تاریک دماغوں کے لیے

اک نئی صبح کا آغاز ہُوا کرتی ہے

کیا غرض اِس سے کہاں ختم ہُوا کس کا سفر

بات تو یہ ہے کہ اک آن مسافت میں رہے

آج شہ رگ پہ تری آئے ہیں صیّاد کے ہاتھ

کون بچ پایا ہے سفاک مسیحاؤں سے

کل مری سمت بڑھے آئیں گے جلّاد کے ہاتھ

ڈور

مجھے احساس ہے اب بھی
اُس اک پل کا
جو میری زندگی کی اُنگلیوں سے اس طرح نکلا
کہ جیسے ڈور ہاتھوں سے نکل کر
اُنگلیوں کو کاٹ جاتی ہے
پتنگیں رقص کرتی ہیں ہوا کے دوش پر
اور کوئی اپنی زخم خوردہ اُنگلیوں کو
اپنے ہونٹوں میں دبائے
زندگی کا ذائقہ محسوس کرتا ہے
پتنگوں کی بجائے
آسماں کی وسعتوں میں دائرہ محسوس کرتا ہے

ریاضی کا ایک سوال

پانچ سال کا بچّہ
اپنے دونوں ہاتھوں سے
اینٹیں دو اُٹھاتا ہے
چھ ہزار میں جس کو
اُس کے باپ نے بیچا
سوچ کر بتاؤ تم
آٹھ سال کا بچّہ
اپنے دونوں ہاتھوں سے
اینٹیں چار اُٹھائے تو
باپ اپنے بیٹے کے
کتنے دام پائے گا

ہماری آنکھ میں ایسے بہت سے خواب ہوتے ہیں
کہ جیسے سیپیوں میں گوہرِ نایاب ہوتے ہیں

پہنچنے سے بہت پہلے مری خبریں پہنچتی ہیں
کہ مجھ سے دو قدم آگے مرے احباب ہوتے ہیں

بظاہر آنکھ کا پردہ بہت ویران لگتا ہے
پسِ پردہ مگر منظر بہت شاداب ہوتے ہیں

بہت چھوٹے نظر آتے ہیں اکثر لوگ وہ مجھ کو
کہ جن کے نام سے پہلے بڑے القاب ہوتے ہیں

اُڑانوں کے لئے کچھ حوصلہ بھی چاہیے صائبؔ
کہاں اُڑتے ہیں وہ جن کے پرِ سُرخاب ہوتے ہیں

جب نئے طور سے ملتے ہیں زمانے والے
جاگ اُٹھتے ہیں سبھی درد پُرانے والے

ہیں اسی آس پر آنکھیں مری روشن اب تک
شاید آجائیں کبھی لوٹ کے، جانے والے

مجھ کو منزل کی طرف لے کے وہی لوگ چلے
جو مری راہ میں تھے دیر سے آنے والے

کس طرح روح کے ٹکڑوں کو سمیٹوں گا بھلا
تُونے سوچا نہیں نظروں سے گرانے والے

سر اُٹھایا تھا جنھوں نے وہ ہوئے شہر بدر
رہ گئے شہر میں اب سر کو جھکانے والے

تیرا چہرہ تو بنا لیتے ہیں، رنگوں سے مگر
بھر نہیں پاتے ہیں تصویر بنانے والے

آئینہ دیکھ کے میں سوچ رہا ہوں صائبؔ
جانے کس شکل کے ہوں گے تجھے پانے والے

کاغذ قلم لیے جو میں رہتا ہوں ساری رات
لفظوں سے روشنی کے میں کرتا ہوں تجربات

دیکھا ہے آدمی کو بہت ہی قریب سے
میں نے پڑھی نہیں ہے کتابوں میں نفسیات

اک روشنی سی میرے بدن میں اُتر گئی
اُس نے جو رکھ دیئے مری آنکھوں پر اپنے ہاتھ

اس شہرِ تیرگی میں نہیں دیکھنے کو کچھ
میں نے سجا رکھے ہیں نظر میں تصورات

اُس نے بھی گفتگو کا نہ موقع دیا ہمیں
اپنی طرف سے بھی ہوئی حد درجہ احتیاط

اُٹھتے نہیں قدم مرے دربار کے لیے
جُھکنا پڑے گا خلعت و دستار کے لیے

اُس نے بڑے وثوق سے الزام دھر دیا
میں لفظ ڈھونڈتا رہا انکار کے لیے

محتاط ہو کے اُس سے میں کرتا ہوں گفتگو
موضوع ڈھونڈ لیتا ہے تکرار کے لیے

مجھ پر نصیحتوں کا اثر کب ہوا ہے دوست
برباد کر نہ وقت کو بیکار کے لیے

گویائی چھن گئی مری صائبؔ انا کے ہاتھ
خاموش ہوگیا ہوں میں اظہار کے لیے

نئی اک زندگی ایجاد کرلو
رگیں کاٹو بدن آزاد کرلو

جلا دو اِس کو تم ہڑتال کر کے
تمھارا شہر ہے برباد کرلو

بسے گا کیا اُجڑ کر دل ہے میرا
نہیں دِلّی جسے آباد کرلو

جیو مردہ نظامِ مملکت میں
لگے نعرہ تو زندہ باد کرلو

یہاں سنتا نہیں کوئی کسی کی
خود اپنے آپ سے فریاد کرلو

کُھلی ہے آج تو وقتِ سحر آنکھ
چلو صائبؔ خُدا کو یاد کرلو

گریجویشن سیریمونی

خوشبوؤں کا سفر تھا رواں چار سُو
اور مبارک سلامت کے نعرے بھی تھے
فرطِ جذبات سے لوگ مل کر گلے
اپنے احباب کو دے رہے تھے دُعا
ڈِگریاں اپنے ہاتھوں میں لے کر وہ جب
زندگی کے سفر پر نکل جائیں تو
اُن کو ہر گام پر کامرانی ملے
میں بھی اُن خوش نصیبوں میں سے ایک تھا
جن کے اعزاز میں تھی یہ محفل سجی
نام مائک پہ جب گونجتا تھا کوئی
شور اُٹھتا تھا اک مجمعِ عام سے
ہاتھ ہونٹوں کو چھو کر فضا میں بلند

ہو رہے تھے وہاں سارے احباب کے
پھر وہ لمحہ بھی آیا مرا نام جب
ایک لمحے کو تقریب میں گونج اُٹھا
دِل کی دھڑکن بھی کچھ تیز تر ہو گئی
ساری محفل پہ سنّاٹا سا چھا گیا
میں بھی حیران تھا
شور کیوں تھم گیا
بے خیالی میں نظریں مری پڑ گئیں
مجمعِ خاص سے مجمعِ عام پر
ہاتھ کوئی نہیں تھا فضا میں بلند
میرے احباب جانے کہاں رہ گئے

کہنے دو مجھے

تم جو کہتے ہو یہ سُن کر مرے افکار و خیال
اپنی غزلوں میں نہ میں ہجر کے منظر لکھوں
میری نظموں میں نہ ہو کوچۂ قاتل کی صدا
بھوک، افلاس بھی اشعار کی زینت نہ بنیں
حرف و معنیٰ بھی صلیبوں سے بہت دور رہیں
چاہتا میں بھی یہی ہوں مگر احساس مرا
ایک ہی جست میں اُس پار پہنچ جاتا ہے
ہاں اُسی پار جہاں بھوک سے روتے بچّے
اپنے رونے کی صداؤں سے بہل جاتے ہیں
جس جگہ روز شہِ وقت اَنا الحق سُن کر
کتنے منصور صلیبوں پہ چڑھا دیتا ہے
میرے احساس کی آنکھوں نے بہت دیکھی ہیں

ہجرتیں بھی، فقط اک نانِ جویں کی خاطر
مائیں تکتی رہیں دہلیز کو بیٹوں کے لیے
ہجرتوں کے وہ مسافر نہ کبھی لوٹ سکے
تم ہی بتلاؤ میں اس درد کی ارزانی میں
کس طرح وصل و محبت کے ترانے لکھوں
کیسے الفاظ کو زنجیرِ قلم پہناؤں
کیسے میں بیچ دوں احساس کو حالات کے ہاتھ
ہے قلم کا کوئی رشتہ مرے جذبات کے ساتھ

خودکش حملہ آور کے نام

تم اپنے جسم سے بارود باندھے
کھڑے ہو شہر کے ایسے علاقے میں
جہاں کچھ دیر میں
لوگوں کا اک سیلاب اُمڈے گا
وہ سارے لوگ
اپنے خواب کی تعبیر آنکھوں میں سجائے
یاں سے گذریں گے
بہت سے جاں سے گذریں گے
تمھاری ایک جنبش سے
کئی آنکھیں، بہت سے خواب، تعبیریں
لہو میں ڈوب جائیں گے
کسی کی مانگ اُجڑے گی

کئی گھر کے سہارے ٹوٹ جائیں گے
کئی ہاتھوں میں بستوں اور کھلونوں کی بجائے
بھیک کا کشکول آئے گا
کئی آنکھوں کی بینائی
جواں بچوں کے لاشے دیکھنے کے ساتھ جائے گی
مگر تم سے کوئی مطلب
تمھیں تو قتل کرنے پر تمھارا ربّ
تمھیں انعام میں جنت کی حوریں پیش کردے گا
مگر اتنا بتا دو
جنت الفردوس اور حوروں کا وعدہ
قاتلوں کے واسطے کس مذہب و ایماں میں لکھا ہے
بھلا یہ کون سے قرآں میں لکھا ہے
تم اپنے جسم سے بارود باندھے
قاتلوں کی صف میں شامل ہو

معاشیات کا ایک اصول

ہم کتابوں میں پڑھتے آئے ہیں
شَے کی قیمت کے گرنے چڑھنے کا
سارا دارومدار جس پر ہے
وہ طلب یا رسد ہے اُس شَے کی
اس معاشی اصول کا اطلاق
ساری دنیا میں ساری چیزوں پر
بلاتفریق ہوتا ہے لیکن
اب بھی اک ملک ایسا ہے جس میں
یہ معاشی اصول اک شَے پر
اب بھی پورا نہیں اُترتا ہے
جس قدر پیداواری ملکوں میں
واں کے لوگوں کا خون بہتا ہے
اِس انوکھے سے ملک میں قیمت
تیل کی اُتنی گرتی جاتی ہے

ایقان

تھکن سے جب سفر کی پاؤں شل ہوں
اور تعاقُب میں ہوں جب آسیب
ایسے میں کہیں تعویذ کھو جائے
ارادے ریت کی مانند بکھریں
خوف رگ رگ میں سما جائے
ہوائیں بازؤں کو توڑ ڈالیں
اور اُڑانیں خواب ہو جائیں
زمیں پر بسنے والے جب
خدا کا روپ دھاریں تب
میں اُس کو یاد کرتا ہوں
اور اک پل میں
دُعائیں اُس کی
میرے جسم کو گھیرے میں لیتی ہیں
مِری ماں ہی خدا کی ذات پر
میرا یقیں مضبوط کرتی ہے

جینیٹکس

Genetics

نئی تحقیق کا ہے کارنامہ
ہماری جین کے اب تجزیئے سے
ہمارے جسم کی بیماریوں کا
کھلے گا راز قبل از وقت ہم پر
کہ مستقبل میں جو بیماریاں بھی
ہمارے جسم پر حملہ کریں گی
علاج ہو جائے گا پہلے سے اُن کا
نہ اب یوں لوگ کینسر سے مریں گے
نہ ہوگا خون کا سرطان ہم کو
نہ دورہ دِل کا ہوگا جان لیوا
دباؤ خون کا قابو میں ہوگا

بہت آرام سے گزرے گا فردا

مگر ممکن ہے کیا تحقیق اک دن

کوئی حَل بھوک کا بھی ڈھونڈ لے گی؟

بہت ہی جان لیوا یہ مرض ہے

غریب اقوام کے معصوم بچّے

بہت شدّت سے اس میں مبتلا ہیں

یہ بیماری سبھی کی جین میں ہے

فون کی گھنٹی

کئی دن ہو گئے ہیں

فون کی گھنٹی نہیں بجتی

نئے اس شہر میں

میری بھلا کس سے شناسائی ہے جو

زحمت کرے میری سماعت

اور مری گفتار کے خوابیدہ تاروں کو جگانے کی

تمھارا فون آنے سے

مرے دن رات کے معمول سے

لپٹی ہوئی یکسانیت کی گرد ہٹتی تھی

تمھارے فون کی گھنٹی

مجھے اُس بے خودی کے

دور تک پھیلے ہوئے صحرا میں

آوازِ جرس محسوس ہوتی تھی
جسے فرصت کے اک پل میں
ہزاروں بار ہی میں پار کرتا ہوں
کئی دن ہو گئے ہیں
فون کی گھنٹی نہیں بجتی
سنو تم بات مت کرنا
مگر اک کال تو کر دو
کہ اب میری سماعت کو
تمھارے فون کی گھنٹی سے شاید
اُنسیت سی ہے

سرطان

Cancer

کل عیادت کی خاطر شناسا کی اک
کینسر ہوسپٹل میرا جانا ہُوا
بعد دِقّت کے میں
اُس شناسا کے چہرے کو پہچاننے میں
ہُوا کامیاب
پھیپڑوں کا یہ سرطان
کاشف کی بینائی، رنگت
خد و خال، گفتار کی سب حرارت
غرض جسم سے روح تک
سارے اعضا و اعصاب پر یوں گرا
جیسے بجلی تناور شجر پر گرے

کل یہی شخص اک خوبرونوجواں تھا
کئی خوبصورت دِلوں کی تباہی کا باعث
لبوں کو وہ کھولے تو محسوس ہوتا تھا
پُرکھوں کی تہذیب الفاظ کا پیرہن ہو
ارسطو وسقراط کے سے خیالات
آنکھوں سے روشن اُجالے کی مانند
یوں جھانکتے تھے
کہ جیسے ابھی ساری دنیا کی
تاریک ومفلوج سوچوں کو کھا جائیں گے
خواب اُس کے
ہتھیلی پہ علم و ہنر کے دیوں کو جلائے
دکھاتے تھے تعبیر کو راستہ
ایسی منزل کا، خوشحالی دریا کی صورت
بہے جس کے سرسبز و میدان میں
قامت اُس کا نکلتا ہُوا اور توانا بدن
جو کہ اب سانس کا بوجھ اُٹھانے کے قابل نہیں
اُس کی بینائی گر دیکھ سکتی ہے تو
قبر کا راستہ
جسم کا روح سے جیسے کٹنے کو ہو
ایک دم رابطہ

ہاں مگر کیفیت
اس شناسا کی میرے نہیں مختلف
مُلک سے کچھ مرے
ہموطن بھی مرے
سانس کا بوجھ اُٹھانے کے قابل نہیں
پھیپڑے اُن کے مذہب، تعصب
زباں اور رنگت کے سرطان نے
سانس لینے کے قابل ہی چھوڑے نہیں

احساسِ محرومی

کتابوں سے بھرے بستے
جھکے کاندھوں پہ لٹکائے
پسینے میں نہاتی
سرخ پیشانی پہ تپتی دھوپ کی کرنیں لیے
بچّوں کو جب بھی دیکھتا ہوں میں
تو یہ بھی سوچتا ہوں
کل یہی بچّے
لیے ہاتھوں میں اپنی ڈگریاں
فٹ پاتھ پر مٹی اُڑاتے
دفتروں کی خاک چھانیں گے
یہی بچّے
لیے احساسِ محرومی

کل اپنی ڈگریوں کو نذرِ آتش کرکے جب

تیشے اُٹھائیں گے

تو ان کو عمر کی اُس رائیگانی کا بہت افسوس ہوگا

جو کتابوں میں گنوا دیں گے

نہ کیوں ہم آج ہی بچّوں کے بستوں میں پڑی

ان بے سروپا کھوکھلے بے جان لفظوں کی

کتابوں کو جلا کر

ان کے کاندھوں پر

کدالوں کو سجا دیں

اور انہیں

احساسِ محرومی کی دلدل سے بچا لیں ہم

ڈائمنڈ اِن دا رَف

Diamond in the Rough

میں مٹی ہوں
زمیں کا ایک حصّہ
دفن ہے جوہر مرا مجھ میں
نہ جانے قافلے کتنے
اُڑاتے گرد
میرے پاس سے گزرے
کہاں فرصت کسی کو
جو مرے جھلسے بدن پر
اپنی چھاگل سے گرائے
چند قطرے میٹھے پانی کے
مگر مجھ کو یقیں ہے یہ

کہیں اک کُوزہ گر بیٹھا
خیالوں میں
مجھے محسوس کرتا ہے
جسے میری ضرورت ہے
جو اپنے ہاتھ کی جادوگری سے
جسم کو میرے سنوارے گا
مرے سُوکھے بدن میں
جھومتے گاتے ہوئے دریا کے پانی کو
اُتارے گا
جو اپنی اُنگلیوں سے گوندھ کر مجھ کو
کئی اک گردشوں کے بعد
ایسے آبخورے میں بدل دے گا
جسے ہونٹوں سے چُھو کر کوئی پیاسا
راستا بھٹکا ہوا
منزل کو پالے گا
مجھے اپنا بنالے گا

بہت کم کم نظر آیا مجھے احساس لوگوں میں
یہ دولت بٹ گئی شاید نہایت خاص لوگوں میں

تمھارے دل کو اب تک زندگی چُھو کر نہیں گذری
ذرا سی دیر کو بیٹھا کرو حساس لوگوں میں

اندھیرے میں سفر کرنے کے عادی ہو گئے لیکن
ابھی باقی ہے تھوڑی روشنی کی آس لوگوں میں

میں اُن لوگوں سے ملتا ہوں جنہیں ہو پیار پھولوں سے
سماتی ہے فقط ماحول ہی کی باس لوگوں میں

پڑی ہے برف جسموں پر فضائے سردمہری کی
نہیں پہلی سی اب وہ گرمیِ انفاس لوگوں میں

نظر ہے ہڈیوں پر، حاکموں کی کیا کہیں صائبؔ
کہاں باقی رہا اب نوچنے کو ماس لوگوں میں

چراغ جلتے ہی اُس کی آمد کی آس کرنا
وہ کیوں نہ آیا تمام شب پھر قیاس کرنا

مری طرف ناشناس نظروں سے دیکھ لینا
بہت ہی آساں ہے مجھ کو جاناں اُداس کرنا

تمھارے آنے پر اپنے اوسان میں نہ رہنا
تمھارے جانے پر اپنے یکجا حواس کرنا

برہنگی پر شدید ہے احتجاج اُس کا
کہ جس کی عادت ہے شہر کو بے لباس کرنا

یہ نرم لہجہ سخن کا انداز ہے ہمارے
نہیں ہماری سرشت میں التماس کرنا

خموش ہیں گرچہ بات میں وزن ہے ہماری
مگر ہے لازم بڑوں کی عزت کا پاس کرنا

نہ پھر سے ہو جائے زہر دینے کی رَسم تازہ
نہ تُو خدایا مجھے حقیقت شناس کرنا

خواہشوں میں بہت کمی کرلی
ہم نے آسان زندگی کرلی

دیکھ کر سربدیدہ تعبیریں
میرے خوابوں نے خودکشی کرلی

لفظ ہیں اب علاجِ زخمِ جگر
جب بڑھا درد شاعری کرلی

یہ کر رہا ہے عجب طرح کے بہانے کیا
یہ کچھ دنوں سے تجھے ہو گیا نہ جانے کیا

اُسی گلی کی طرف اُٹھ گئے قدم پھر سے
یہ تیرے ہوش نہ آئے ابھی ٹھکانے کیا

بچی ہے ملنے کی اب تجھ سے کیا یہی صورت
کھڑا ہُوا ہو کوئی موت کے دہانے کیا

یہ دو قدم کی مسافت نے مار رکھا ہے
ابھی کچھ اور لگیں گے تجھے زمانے کیا

نئے چراغ لیے پھر رہے ہو گلیوں میں
چراغ ڈھونڈنے نکلے ہو تم پُرانے کیا

تری قربت سے جب صیقل مرا وِجدان ہوتا تھا
غزل کہنا مری جاں تب بہت آسان ہوتا تھا

نکلتے وقت گھر سے ساتھ چلتی تھیں دعائیں بھی
مری ماں کے لبوں پر صبح دم قرآن ہوتا تھا

رگوں میں اب لہو بھی نغمگی کے ساتھ بہتا ہے
ترے ملنے سے پہلے یہ بدن سنسان ہوتا تھا

زباں کی پاس داری جزو تھی کردار کا ان کے
کبھی اس شہر کے لوگوں کا دین ایمان ہوتا تھا

مکاں بدلا مگر بدلی نہیں سفّا کی فطرت
یہ سنتے ہیں کہ غاروں میں کبھی انسان ہوتا تھا

ترے غم کی بدولت شعر میرے جی اُٹھے ورنہ
رگوں میں شاعری کی سانس کا فقدان ہوتا تھا

شام کو اکثر ہو جاتا ہے
درد ستمگر ہو جاتا ہے

آنکھ کا پانی مر جائے تو
آدمی بنجر ہو جاتا ہے

انساں بھی احساس سے عاری
شہر میں رہ کر ہو جاتا ہے

گھر کے دُکھ سُکھ میں اب حائل
ایک سمندر ہو جاتا ہے

نیند ہو غفلت کی تو جالا
آنکھ کے اندر ہو جاتا ہے

بعض اوقات دلوں میں زندہ
آدمی مر کر ہو جاتا ہے

جانے سے ترے دل مرا ہلکان تو ہوگا

کچھ روز مگر تو بھی پریشان تو ہوگا

نظروں سے تو بہتر ہے میں گر جاؤں فلک سے

یہ کام ذرا سا مجھے آسان تو ہوگا

رہنے دو پروبال کو پیوستہ بدن سے

اس طرح سے پرواز کا امکان تو ہوگا

جس شخص کی آنکھیں ہی اندھیرے میں کھلی ہوں

وہ شخص اُجالوں سے پریشان تو ہوگا

شعروں سے اگر درد کا درماں نہ ہُوا تو

پڑھنے کے لئے اک نیا دیوان تو ہوگا

نسبت ہے مری خاک کو اُس شہرِ فُغاں سے
اُٹھتے ہیں جواں جسم ہر اک روز جہاں سے

کل سچ کے لئے زہر پیا کرتے تھے لیکن
اب لوگ یہاں زہر اُگلتے ہیں زباں سے

دو چار ہی مصروفِ عبادت ہوئے ورنہ
جاگے تو کئی لوگ مؤذن کی اذاں سے

جس گام پہ منزل کی بشارت کا نشاں تھا
لوگوں نے کیے راستے تبدیل وہاں سے

پیوست ہُوا تیر مری پُشت میں کیوں کر
تھا سامنا میرا مرے دشمن کی کماں سے

ہر حال میں تسکینِ انا چاہیے صائبؔ
بہتر ہے مجھے درد کی شدّت بھی فغاں سے

مجھے جُز دان سے باہر نکالو

مجھے جُز دان میں تم نے لپیٹا

پھر اُس کے بعد طاقوں پر سجایا

مری آیات کے تعویز کر کے

تمہی نے مجھ کو جسموں پر سجایا

کبھی سچ قتل کر دینے کی خاطر

سروں پر اپنے جھوٹوں نے اُٹھایا

مجھے سمجھے بنا پڑھتے رہے تم

مری توہین یوں کرتے رہے تم

مرے الفاظ کو تصویر کر کے

سجایا گھر کی دیواروں کو تم نے

مبلغ نے غلط تشریح کر کے

مرے پیغام کی توہین کی ہے

میں رکھا جاہلوں کی رحل پر ہوں
تبھی تو ایسی حالت دین کی ہے
محبت امن کا پیغام ہوں میں
اگر سمجھو تو اک انعام ہوں میں
خدا کے واسطے خود کو سنبھالو
مجھے جُز دان سے باہر نکالو

خواب کے مسافر

(ساؤتھ امریکہ کے اُن لوگوں کے نام جو بہتر زندگی کی خاطر امریکہ پہنچنے کے لیے اپنی زندگیاں داؤ پر لگا دیتے ہیں)

رات کا اندھیرا ہے
ہر طرف ہے سنّاٹا
وقت ہے یہ سونے کا
اپنی بوجھل آنکھوں کو
خواب میں بھگونے کا
اور ایسے عالم میں
یخ ہواؤں سے لڑتے
ایک قافلے والے
اپنی کشتیاں لے کر
اپنے اپنے خوابوں کی
ڈھونڈنے کو تعبیریں

خامشی سے بڑھتے ہیں
درمیان کشتی کے
چھوٹے بچّے ماؤں سے
یوں چمٹ کے بیٹھے ہیں
جیسے خواب آنکھوں سے
کچھ جوان چہروں پر
عزم ہیں اُمیدیں ہیں
روشنی میں جینے کی
سب کے خواب اک جیسے
جن کی ساری تعبیریں
اُس طرف سمندر کے
ہاں اُسی طرف جس جا
روشنی کا ڈیرا ہے
علم کا بسیرا ہے
بھوک روز مرتی ہے
زندگی نہیں کٹتی
چین سے گزرتی ہے
صبح تک جیالے یہ
سر پھرے سمندر کو
پار کر کے پا لیں گے

اپنی ساری تعبیریں
یا بپھرتی لہریں پھر
کشتیوں کو توڑیں گی
اور سر پھرا پانی
ان کے خواب نگلے گا
امریکہ کے اخباروں
میں بس اک خبر ہو گی
یوں تو روز ہوتا ہے
بات یہ پرانی ہے
بے شمار لوگوں کی
ایک ہی کہانی ہے

لا برابر کردار

کئی سال پہلے
میں کمرے کی دیوار پر کچھ نشاں
اپنا قد ناپنے کی غرض سے لگاتا رہا
اور پھر اک نشاں
میرے کمرے کی دیوار پر
آخری ہوگیا
شوق میرا مگر منتقل ہوگیا
ذہن کی اک خیالی سی دیوار پر
روز ہی اک نشاں
اپنے کردار کو ناپنے کے لیے
میں لگاتا ہوں لیکن مجھے علم ہے
ایسی دیوار پر
جس کی حد ہی نہ ہو
بن نہیں پائے گا
آخری اک نشاں

بے نیازی

مری اک نظم سنتے ہی

بہت ہی بے نیازی سے

سیہ بالوں میں اپنی انگلیوں کو پھیر کر

اُس نے کہا مجھ سے

کہ صائبؔ، آپ کا اسلوب اچّھا ہے

بہت ہی خوبصورت بندشوں اور استعاروں میں

بیاں کرتے ہیں اپنے دل کی ساری

اَن کہی باتیں

مگر محبوب کے جس حُسن کا ہے تذکرہ

اس نظم میں

وہ حُسن تو شاید ملے گا

قاف کی پریوں میں یا جنت کی حوروں میں

میں اُس کی سادگی پر مسکرا کر رہ گیا

وہ شخص نا واقف تھا

اپنے خال و خد کے سحر سے اب تک

سپریڈ یور وِنگز

Spread Your Wings

تمھارے خواب سے وابستہ ہیں
کچھ خواب میرے بھی
وہ سارے نیم خوابیدہ
اندھیروں میں بھٹکتے خواب میرے
اب تمھاری آنکھ میں
تعبیر بن کر جاگ اُٹھے ہیں
تمھارے سر پہ جو دستار ہے
علم و ہنر کی
روشنی کا اک منارہ ہے
کہ جس کی روشنی سے گھپ اندھیروں میں

زمانے کا مُقدّر جگمگاتا ہے
یہی وہ روشنی ہے
جو رگوں میں خون بن کر دوڑتی ہے
جس کی گرمی سے پگھلتا ہے سیہ فولاد
اور کندن میں ڈھلتا ہے
یہی وہ روشنی ہے
جس سے قوموں کا مُقدّر بھی سنورتا ہے
مگر یہ جان لو
اس روشنی کا نام آ گاہی بھی ہے
اس دور میں جس میں کہ ہم تم سانس لیتے ہیں
یہ آ گاہی تمہیں شاید کسی لمحے
اک ایسے موڑ پر لائے
جہاں ہو زندگی اک زہر کے پیالے میں پوشیدہ
جہاں جھوٹے اُجالوں کی کشش میں
موت زندہ ہو
مگر سچّائی کی تم مشعلوں کو تھام کر
جھوٹے اُجالے چاک کر دینا
ہمیشہ سانس لینے کے لیے تم زہر پی لینا

جنھیں تھا دعوائے حق گوئی

لٹا رہا تھا مرا شہر روشنی جب تک
ہر ایک شخص ترانے اسی کے گاتا تھا
اسی کی صبح سے ایندھن گھروں میں جلتا تھا
اسی کی شام سے سب کے چراغ روشن تھے
قبائیں علم و ہنر کی اسی نے بخشی تھیں
یہیں عطا ہوئی دستارِ آگہی سب کو
اور آج جب کہ ہے سینہ فگار شہر مرا
کسی بھی ہاتھ میں مرہم نہیں گلاب نہیں
لہولہان ہیں اس شہر کے جواں لیکن
کوئی نہیں کہ جو پرسانِ حال ان کا ہو
عدالتیں بھی ہیں جاگیر آج حاکم کی
سو منصفی کی اُمیدیں بھی ان کے ساتھ نہیں

اگر چہ ظلم پہ خاموش ساری بستی ہے
وہ جو ادیب ہیں شاعر ہیں وہ بھی ہیں خاموش
کہ ہر زبان پہ ہیں مصلحت کی زنجیریں
میں کیا دکھاؤں مرے شہر، بے حسی اُن کی
جنھیں غرورِ بغاوت تھا وہ علم نہ اُٹھے
جنھیں تھا دعوائے حق گوئی وہ قلم نہ اُٹھے

بینائی کا دُکھ

میں اندھا ہوں
سو دیکھ سکتا نہیں
لٰہذا میں رنگت، زباں، نسل و مذہب کی دیواروں سے
اپنا سر
اکثر و بیشتر پھوڑتا ہوں
مرے اندھے پن پر
یہ رنگت زباں
نسل و مذہب کی دیواروں کے
ٹھیکیداران کہتے ہیں
کمبخت اندھا ہے
بہرہ بھی ہوتا

چلو اب اور کسی مشغلے کو اپنائیں

چلو اب اور کسی مشغلے کو اپنائیں

کہ شاعری میں بہت دل جلا لیا ہم نے

یہاں سگانِ ادب شہرتوں کی ہڈی کو

دبوچنے کے لیے بے قرار رہتے ہیں

یہاں تو شاعری عزت کا اک وسیلہ ہے

یہاں تو لفظ کی حُرمت ہی کھو گئی شاید

کہ اب تو حرف کا کشکول ہاتھ میں لے کر

چہار سمت ہی پھرتے ہیں سائلینِ ادب

انا کی قینچیاں لے کر مخالفت میں ادیب

بس ایک دوجے کی قطع و برید کرتے ہیں

تنازعات کے چھلکوں سے اب یہ شاعر لوگ

بس اپنے نام کی شہرت کشید کرتے ہیں

چلو اب اور کسی مشغلے کو اپنائیں

سِڈونا

(ایریزونا کا ایک منفرد شہر)

Sedona

سِڈونا کو دیکھا
تو حیران آنکھیں یہ کہنے لگیں
اس سے پہلے بھی تم نے
بہت خاک چھانی ہے
شہروں کی قصبوں کی
قدرت کے رنگیں مناظر نے جن کو
سجایا بہت ہے
مگر ایسا کیا ہے سِڈونا میں آخر
جو بینائی کی لامکاں وُسعتوں میں سماتا نہیں ہے
سِڈونا کی مٹی کی رنگت ہے شاید
فلک سے جو فرقت کے دُکھ میں
لہو رنگ ہے

یا چٹانیں جو اُونچے پہاڑوں کی صورت کھڑی ہیں
تقدّس کی چادر کو اوڑھے ہوئے
گرم صحرا کے سینے پہ ثابت قدم
جیسے ماں آسمانی عذابوں سے
بچّوں کو محفوظ رکّھے ہوئے
یا کہ پھر وہ پراسرار رستے
جو مُڑتے ہیں ایسے
کہ جیسے کسی موڑ پر
ایک کٹیا اچانک ہی آ جائے گی
جس میں باریش صوفی
عبادت کے روزن سے
نورِ خدا کے نظارے میں مشغول ہوگا
نہیں!
شام کا یہ نظارہ ہے شاید
سبب ہے جو حیرانیء چشم کا
ایسا لگتا ہے جیسے ستارے
سِڈونا کے ماتھے کے بوسے کی خاطر
زمیں پر اُترنے کو تیار ہوں
اب سِڈونا کی حد ختم ہونے کو ہے
ایسا لگتا جیسے ذرا دیر میں
میں یکایک زمیں پر اُتر آؤں گا

کچّے خواب

میں اب سو جاؤں
کل سورج نکلتے ہی
مجھے اسکول جانا ہے
نئے کپڑے، نئی ٹائی، نئے جوتے
بنادیں گے حسیں مجھ کو
کتابیں روشنی اپنی
مرے دل میں اُتاریں گی
کہ زنگ آلود میرے ذہن کو
کل حرفِ آگاہی
خود اپنے ہاتھ سے چمکائیں گے
روشن بنائیں گے
سیاہی جب قلم کی

لکھتے لکھتے اُنگلیوں پر
نقش اپنا چھوڑ جائے گی
تو ماں کس پیار سے
چوما کرے گی ہاتھ کو میرے
کُھلی جب آنکھ تو آواز یہ آئی
ارے چھوٹے
یہ تیری اُنگلیوں کو کیا ہُوا
یہ کیوں نہیں چلتیں
بھلا قالین بُننے باپ آئے گا ترا بتلا
میں اب بیدار ہو جاؤں
یہاں قالین بُنتے بُنتے شاید
سو گیا تھا میں

جو سچ کہا ہے تو اس کی سزا بھی جانتا ہوں

مجھے خبر ہے زباں میری کٹ بھی سکتی ہے

Kuch Khawab Uthaye Phirta Houn

This collection of poems is a reflection of my own dreams. Dreams that I have envisioned, as I embark on my journey through the rugged mountains, the green valley's or the soft ravens, as I walked and marveled through my own tunnels some of my dreams are shattered, some lost but I did not give up dreaming, I dreamt with my close eyes and sometimes with my open heart, for me to be alive and able to capture the colors of life in its most magnificent and bare forms, I see my dreams in rays of hope that surfaces like a rain bow in a clear blue sky, I see my dreams through the eyes of children, working and being engaged in child labor, instead of books and pencils in their small hands they are holding tools to earn the meager livening, but yet through their innocence and in harmony with the cosmos they are weaving dreams of a better tomorrow as in silken multicolor threads making beautiful carpets or carpentry

My dream of a congested over flowing city with people walking in all directions, some suppressed from the class devoid of human dignity, some going through the mysteries of life and yet thriving to reach the goals, a city that can engulf and absorb the humanity regardless of the color or language, where there are no social injustices and you are not chained or shackled for expressing your views

My wings are broken but not my desire and hope to find the ultimate truth and love

I fly high and high to reach my beloved and seek.

And through the eyes of universe I shall live in your dreams.

-Maryam Turab